...und dann?

Die letzten Dinge regeln

Christlicher Ratgeber im Trauerfall

Daniel Kabuth

edition winterwork

Bibliografische Informationen der Deutschen Nationalbibliothek: Die Deutsche Nationalbibliothek verzeichnet diese Publikation in der Deutschen Nationalbibliografie. Detaillierte bibliografische Daten im Internet über http://www.d-nb.de abrufbar.

Impressum

Daniel Kabuth »...und dann? - Die letzten Dinge regeln. Christlicher Ratgeber im Trauerfall «
www.edition-winterwork.de

Satz: edition winterwork
Umschlag: edition winterwork
Druck und Bindung: winterwork Borsdorf
Lektorat: Ilona van den Boogert, Werner Bohnen

ISBN 978-3-96014-038-2

...und dann?

Die letzten Dinge regeln
Christlicher Ratgeber im Trauerfall

Daniel Kabuth

edition winterwork

Vorwort

Wir wollen immer gern mit offenen Augen die ganze Fülle menschlichen Lebens sehen. Wir öffnen das Herz zum erwachenden und sprießenden Leben hin und genießen Leichtigkeit und Fröhlichkeit.

So auch im Blick auf den Spätherbst des Lebens? Oder besser gesagt, zur letzten Phase des irdischen Daseins hin und dem natürlichen Nachlass bestehend aus der sterblichen Hülle und allen anderen Hinterlassenschaften? Doch dies gehört dazu, wissen wir doch, dass der Verstorbene weder das irdische Haus noch Teile desselben mitnimmt oder rückwirkend betreuen kann. Das obliegt stets den Lebenden.

„Lehre uns bedenken, dass wir sterben müssen, auf dass wir klug werden.“ (Psalm 90, 12)

Es ist ein großes biblisches Wort, nach meiner Einschätzung einer der wichtigsten Ratschläge Gottes für unser Erdenleben. Es legt uns nahe, die Lebensgestaltung regelmäßig unter dem Aspekt der Sterblichkeit und Vergänglichkeit zu überprüfen und neu zu ordnen, auf jeden Fall den rechten Sinn in unser Leben zu bringen. Wenn es im Psalmwort auch vor allem um die großen Lebensfragen geht, sollten wir nicht vergessen, Vorsorge zu treffen für die „letzten Dinge", die der Tod mit sich bringt. Vorsorgen bedeutet zunächst ganz einfach, dieses Buch zu lesen. Vorsorgen bedeutet ebenso, sich mit jener Zeit vertraut zu machen, da jemand aus unserem Lebenskreis die Welt verlässt und wir uns kümmern dürfen oder müssen. Vorsorgen bedeutet zudem, die Vielfalt der menschlichen Beziehungen mit allen emotionalen, rechtlichen wie wirtschaftlichen Verflechtungen mit Mutter Erde rechtzeitig speziell für den unbekannten Punkt des Ablebens zu regeln; ich denke hier beispielsweise an Testament und Bestattungsfragen, Vorsorgevollmacht und Patientenverfügung. Man sollte sich in diesem Sinne „reisefertig" machen, obwohl man eigentlich gar nicht abreisen will. Dies gehört durchaus zur Verantwortung vor Gott und den Menschen.

Dieses Buch mag dazu beitragen, die „letzten Dinge" besser zu durchschauen und sich selbst und andere vorzubereiten auf den Tag und die Zeit, da sie unvermeidbar in den Mittelpunkt des Daseins rücken.

Klaus Brüggemann Rechtsanwalt und Notar

Inhalt

1 Einleitung

Das 21. Jahrhundert ist eine Zeit, in der das Zweck-Nutzen-Denken in den Köpfen der Menschen einen wichtigen Teil eingenommen hat. Damit verbunden ist oftmals, dass persönliche und soziale Bindungen immer schwächer werden und das Verantwortungsgefühl der Generationen füreinander immer mehr abnimmt. Es ist festzustellen, dass die Zahl der Menschen, die vereinsamt leben und sterben, drastisch zunimmt. Nicht nur die Gesellschaft verändert sich, sondern auch die staatlichen Leistungen, die als Sterbegeld der gesetzlichen Krankenkassen bekannt waren, sind schon vor einigen Jahren aus dem Leistungskatalog gefallen. Und gerade deshalb ist eine eigenverantwortliche Vorsorge heute so wichtig. Auch das Sorgen um die letzten Dinge gehört zum Leben dazu.

Der Tod und die damit verbundenen Vorgänge und Abläufe sind vielerorts immer noch ein Tabuthema und werden oftmals auf das Später vertagt, obwohl das Sterben in unseren Medien tagtäglich präsent ist. Es sind Bilder von Trauerfeiern für die im Auslandseinsatz gefallenen Soldaten der Bundeswehr, Bilder von Menschen des öffentlichen Lebens, aber auch Aufnahmen, die von Katastrophen herrühren. Diese Bilder scheinen dennoch weit weg zu sein. "Wirklich" gestorben aber wird nur noch selten zu Hause. Es sind die Pflegeheime und Krankenhäuser, aber auch Hospize, die oftmals zur letzten Station eines Lebens werden.

"Ein Volk wird so beurteilt, wie es seine Toten bestattet" (Perikles 430 v. Chr.)

Gerade in den Situationen, in denen man einen lieben Menschen loslassen muss, genau in diesem Ernstfall sind eine Fülle von Entscheidungen zu treffen. Deshalb sollen diese Zeilen einen Überblick rund um eine Bestattung geben. In den Augenblicken, in denen man sich mit dem Thema Tod und Bestattung auseinandersetzen muss, stehen oftmals viele nicht alltägliche Fragen im Raum, welche schnell beantwortet werden müssen. Für die Mehrheit der Angehörigen bedeutet der Verlust eines geliebten Menschen gleichzeitig die Konfrontation mit existentiellen Problemen. Und all das zu einem Zeitpunkt, an dem man sich selbst in einem absoluten seelischen Ausnahmezustand befindet. Es ist sicherlich sinnvoll, sich beizeiten mit diesem Thema zu befassen. Dieser Ratgeber soll Möglichkeiten und Wege aufzeigen, die man gehen kann, wenn man sie gehen muss.

Jeder Mensch hat seine eigenen Vorstellungen von dem Abschied und von dem Ort, an dem er trauern will. Allgemein ist immer mehr spürbar, dass im Rahmen von Trauerfeiern Wert auf eine persönliche Ansprache gelegt wird, die den Verstorbenen als Individuum darstellt und ihn als vertrauten Menschen würdigt. Auch hat der Glaube in einer heute immer mehr säkularisierten Welt seinen festen Platz. So ist es vielen Menschen wichtig, besonders in dieser Lebenssituation diesen letzten Schritt mit der Kirche und im Glauben zu gehen. Geht man diesen Weg des Abschieds in christlicher Begleitung, erschließen sich für die Betroffenen oftmals ungeahnte Kräfte des Trostes.

Mit dem verstorbenen Menschen sind Lebenserinnerungen verbunden. Der tote Körper hat seine Würde. Er bewahrt noch eine Weile die menschliche Gestalt, die einem so vertraut war und zeigt etwas von der Persönlichkeit, zu der dieser Körper gehörte. Es ist vielleicht der Leib der Mutter oder des Vaters, dem die Kinder ihr Leben verdanken. Es ist der Leib, der Spuren körperlicher Arbeit aufweist. Es ist der Leib, der im Leben die Wundmale von Krankheit und Schmerzen, von Behinderung, von Alter und Verfall getragen hat. Aber dennoch ist im Bezug auf einen verstorbenen Menschen im christlichen Umfeld manches mal zu hören, „es sei doch nur noch die Hülle" und man möchte so gut gemeint über den Schmerz der Trauer hinweghelfen. Aus dem christlichen Blickwinkel heraus gesehen ist dieser Gedanke oftmals genau so verankert. Jedoch zeigt die Heilige Schrift in diesem Zusammenhang ein schönes, aber auch anderes Bild. In Lukas 23, in den Kapiteln 50 bis 55, wird der Zuwendung und dem Umsorgen des Leichnams eine besondere Wichtigkeit zugesprochen. Joseph von Arimathäa, der zu Zeiten Jesu lebte und wahrscheinlich ein Mitglied des jüdischen Gerichtes in Jerusalem war, also ein gebildeter und hoch angesehener Mann, bat um den Leichnam Jesu, damit er ihn standesgemäß bestatten könne. Er lieh diesem Toten sein eigenes Grab. Die Frauen gingen an jenem "Karfreitag" mit und waren dabei, als der Leichnam Jesu genau in dieses Grab gelegt wurde. Das war ihnen wichtig, obwohl sie wussten, dass es ihm, dem Sohn Gottes vielmehr auf das noch Bevorstehende und Kommende ankam. Sie kümmerten sich um den geschundenen Körper. Es war den Anhängern, den Freunden Jesu, damals wichtig, noch einmal etwas für ihren Verstorbenen zu tun. Dieser „Mensch" Jesus in seiner Leibhaftigkeit ist und war doch das, was sie liebten, deshalb wollten sie ihn gut versorgt und geborgen wissen und konnten auf diese Weise noch einmal etwas für ihn tun und ihm nahe sein. Jesus selbst ließ sich einige Tage vor seinem Tod in Bethanien mit kostbaren Ölen salben. Ein Hinweis auf das Bevorstehende. Er selbst wusste was kommt und hat mit dieser „letzten Ölung“ ein für die Jünger unmissverständliches Zeichen gesetzt.

Auch die Abschiednahme am offenen Sarg im engsten Familienkreis hat heute wieder neu eine besondere Bedeutung erlangt. Was bei unseren Großeltern noch Normalität war, geriet zwischenzeitlich etwas in den Hintergrund. Noch einmal da sein, alleine oder miteinander, den Verstorbenen noch einmal ansehen und berühren, kann helfen, den Tod besser zu begreifen, zu erfühlen. Gerade solche Momente sind aus trauerpsychologischer Sicht von unschätzbarem Wert. Ein guter Bestatter wird versuchen, den Trauernden in dieser Situation beratend und begleitend zur Seite zu stehen. Jeder Mensch ist in seiner Form des Trauerns unterschiedlich. In diesen nicht alltäglichen Momenten gibt es kein Richtig oder Falsch. Besonders hier gilt es, auf sein Gefühl, auf sein Innerstes, ja, auf sein Herz zu hören. Vergessen sollte man aber nie, dass es auch innerhalb des engeren Familienkreises unterschiedliche Wünsche und Vorstellungen von dem Abschied gibt und dass man vielleicht als zurückbleibender Ehepartner neben Kindern, Enkelkindern, Geschwistern und auch Eltern nicht alleine trauert.

Trauer zehrt an den Kräften und erschöpft. Die Situation des Abschiednehmens geht aber auch ganz gewiss über die letzten gemeinsamen Augenblicke hinaus. In diesen Tagen des Trauerns sind es unterschiedliche Menschen, die einen auf diesem Weg begleiten. Bestatter, Priester und Seelsorger, Ärzte und Trauerbegleiter. Vielleicht sind es aber auch Freunde, Verwandte, Gemeindemitglieder oder Nachbarn. Zu unterschiedlich sind die Empfindungen, die in dieser Situation wahrgenommen und in sich aufgenommen werden. Manche Gefühle bleiben nur kurz, andere wiederum bleiben über Jahre in Erinnerung, wiederum andere verdrängt man sein ganzes Leben.

Entstanden ist dieser Ratgeber aus dem Gedanken heraus, dass diese Situation, den Tod in seinem nahen Umfeld zu erleben, einmal unausweichlich für einen jeden Menschen kommen wird. Vielleicht muss man sich um die Bestattung eines nahen Angehörigen kümmern oder man denkt selbst an seine eigene irdische Endlichkeit und will möglichst viel regeln, um der Familie durchaus schwierige Entscheidungen abzunehmen. Verschiedene Unsicherheiten sind in den Begegnungen mit Trauernden immer wieder zu erleben und werden auf den folgenden Seiten erklärend behandelt. Dieses Buch greift keine theologischen Aspekte auf; es sind die Dinge des immer noch sichtbar Menschlichen, das was uns im Hier und Jetzt bewegt. Dieser Ratgeber soll somit Mutmacher, Aufklärer, ja Impulsgeber und ein Stück konkrete Lebenshilfe für den letzten Weg sein.

Daniel Kabuth Bestatter

2 Bestattungspflicht

Die Bestattungspflicht und die damit verbundene Reihenfolge der Bestattungspflichtigen ist in den einzelnen Bundesländern im "Bestattungsgesetz" geregelt.

Derjenige mit der nächsten verwandtschaftlichen Verbindung muss für die Bestattung Sorge tragen und finanziell einstehen. Folgende Reihenfolge ist möglich:

- Ehepartner

- Kinder

- Eltern

- Geschwister

- Großeltern

- Enkelkinder

Die Bestattungspflicht ist nicht mit dem Erbrecht verbunden. Wer also eine Bestattung regelt und in Auftrag gibt, nimmt nicht gleichzeitig das Erbe an.

Der Erbe hat nicht automatisch das Bestimmungsrecht über die Art und Weise der Bestattung. Jedoch sei gesagt, dass derjenige, der eine Bestattung in Auftrag gibt, Auftraggeber ist und somit auch die Kosten übernehmen muss. Bei einer amtlich bestellten Betreuung ist zu beachten, dass diese im Regelfall nur bis zum Tod gilt. Sie erlischt also mit dem Ableben der zu betreuenden Person.

Das Amtsgericht, das die Betreuung einmal festgelegt hat, muss aber über den Tod der zu betreuenden Person informiert werden. Sollten sich die Bestattungspflichtigen weigern, die Bestattung in Auftrag zu geben, tritt die Stadt als öffentliches Organ an die Stelle des Totenfürsorgeberechtigten und übernimmt die Beauftragung der Bestattung. Auch wenn sich die Bestattungspflichtigen nicht um die Bestattung kümmern, so werden ihnen die Kosten für die Beerdigung dennoch in Rechnung gestellt.

3 Überführungen zum Friedhof

Verstorbene sind spätestens 36 Stunden nach Eintritt des Todes, jedoch nicht vor Ausstellung der Todesbescheinigung durch einen Arzt (z.B. der Hausarzt) in eine Leichenhalle zu überführen. Man kann ein Bestattungsunternehmen seines Vertrauens mit der Abwicklung aller notwendigen Formalitäten und dem Ablauf der Bestattung beauftragen. Die gesetzliche Frist für eine Erdbestattung, also das Beisetzen des Sarges, beträgt maximal zehn Tage nach Eintritt des Todes. Auch die Einäscherung muss laut Gesetz innerhalb von zehn Tagen nach Eintritt des Todes erfolgen. Die Beisetzung der Asche kann dann zu einem späteren Zeitpunkt stattfinden. Beispielsweise spricht das Bestattungsgesetz NRW von einem Zeitraum von maximal sechs Wochen vom Versterben bis zur Urnenbeisetzung. Ausnahmen betreffend der zeitlichen Regelung für Sargbeisetzungen und bis zur Einäscherung, sind jedoch in Einzelfällen möglich und müssen dann von der zuständigen Ordnungsbehörde genehmigt werden.

4 Wenn das Leben endet bevor es beginnt

Der Umgang mit Tot- und Fehlgeburten war vor Jahren noch ein absolutes Tabuthema. Es war oftmals üblich, den betroffenen Eltern die totgeborenen Kinder vorzuenthalten. Die Situation nachzuempfinden, ein Kind zu verlieren ist schier unmöglich. Freude, Erwartung und Glück werden durch Trauer, Wut und Hilflosigkeit manchmal von einen auf den anderen Moment abgelöst. Oft ist es aber auch eine leise Ahnung, die eine Mutter über Wochen begleitet. Das Baby ist tot und wird still geboren.

Eltern können ihrem Kind, ganz gleich wann es geboren wurde oder wie viel es wiegt, einen Namen geben. Auch ist der Eintrag in das Familienstammbuch möglich. Wenn das Kind bei der Geburt noch gelebt hat oder sein Gewicht 500 Gramm übersteigt, ist eine Beisetzung gesetzlich vorgeschrieben. Bei Föten unter 500 Gramm obliegt es den Eltern, eine Beisetzung vorzunehmen. Durchaus ist auch eine gemeinschaftliche Beerdigung mit mehreren still geborenen "Sternenkindern" möglich. Diese Art der Bestattung findet oftmals zentral auf einem Friedhof statt.

5 Bestattungsarten

Die folgenden Seiten sollen einen Überblick über mögliche Bestattungs- und Grabarten bieten. Ein Großteil davon ist in den meisten Stadtgebieten wählbar. Die Nachfrage nach pflegearmen und pflegefreien Grabstätten nimmt immer mehr zu, da Familienangehörige nicht mehr wie früher nur in erreichbarer Nähe wohnen. Einsamkeit und Armut drängen Menschen oft zum anonymen Begräbnis.

Der christliche Glaube bezeugt, dass jeder Mensch ein einmaliges Abbild Gottes ist, das es im Leben, aber auch im Tod zu pflegen und zu achten gilt. Tote brauchen einen Ort - und ein Grab braucht einen Namen und so ist es immer ein Ort des Erinnerns und gleichzeitig auch sichtbare Grenze zwischen Himmel und Erde. Gräber und Friedhöfe, wie wir sie seit Jahrhunderten kennen, sind Ausdruck unserer Kultur. Sie erinnern an Lebensgeschichten und Lebensschicksale einzelner Menschen und ganzer Familien. Der Friedhof als Ort ist schon meist rein geographisch gesehen nah am Leben und bei den Menschen und somit bei den Lebenden. Allein dies ist ein Zeichen gegen Ausgrenzung des Todes und der Verstorbenen. Der Ort Friedhof zieht aber auch ganz bewusst eine Schwelle zwischen Tod,

Trauer und Leben. Die Bedeutung von Familie und Freundschaften wirkt sich auch auf die Bestattung aus. Sie bekommt ein persönliches und individuelles Gesicht. Die Bestattungsarten werden immer differenzierter und vielseitiger. Ein Begräbnis in einem anonymen Rasenfeld erscheint auf dem ersten Blick durchaus praktisch und bietet eine Lösung für die eventuell bevorstehende jahrelange Grabpflege, doch es kann auch verzweifelt und verloren machen. Oft stehen Menschen am Rand eines solchen Feldes und versuchen vergeblich, dem Verstorbenen eine Stelle zuzuordnen und wissen nicht wohin mit den mitgebrachten Blumen oder Kerzen. Solche Zeichen der Trauer sprechen eine unmissverständliche Sprache. Daher sollte ein solcher Schritt mehr als einmal überlegt werden. Wie oft die Entscheidung für ein anonymes Grab auf einem Rasenfeld an einer für die Angehörigen unbekannten Stelle tragische Folgen hat, darüber können die Bediensteten der Friedhöfe, auf denen die Möglichkeit zur anonymen Bestattung besteht, Bücher schreiben. Gräber bieten Trost – man sollte seiner Familie und seinen Freunden diesen Trost nicht nehmen. Für Menschen, die in diesem Punkt nach einer Entscheidung suchen, ist es sicher hilfreich, an das Schicksal derer zu denken, die im 2. Weltkrieg Söhne, Väter oder Ehemänner an der Front verloren haben. Neben dem eigentlichen Verlust war es für sie die stärkste seelische Belastung, nicht zu wissen, ob und wo ein Grab des Gefallenen vorhanden war. Sollten keine Angehörigen mehr da sein, ist die Art der anonymen Bestattung eine denkbare Lösung. Jedoch bieten die meisten Friedhöfe Grabplätze inklusive einer Grabpflege oder pflegeleichte Gräber als Alternative zur anonymen Bestattung an. Auch hier gibt es Unterschiede von Stadt zu Stadt und Bundesland zu Bundesland. Die Frage der Kosten spielt dabei nicht unwesentlich eine Rolle für die Form der Bestattung. Bei der Wahl eines Grabes stehen die Friedhofsverwaltungen, der Friedhofsgärtner oder der Bestatter gerne beratend zu Seite.

Von jeher waren die Grabstätten der Menschen Spiegel ihres Verhältnisses zu den Verstorbenen, den Vorfahren und dem Tod. Die ursprüngliche Funktion und Kennzeichnung des Bestattungsortes wurde immer weiter kultiviert und trug somit den Stempel religiösen Lebens der jeweiligen Zeit.

5.1 Erdbestattung

Dies ist eine traditionelle Bestattungsform, bei welcher der geschlossene Sarg während der Trauerfeier in der Friedhofskapelle oder in einer Kirche steht und im Anschluss daran auf einem Friedhof beigesetzt wird. Unter dem Begriff Erdbestattung fallen die Grabarten Reihengrabstätte, Rasenreihengrabstätte und Wahlgrabstätte.

5.2 Feuerbestattung

Diese Art der Bestattung hat in den letzten Jahren stark zugenommen. Unter dem Begriff Feuer- oder Urnenbestattung fallen die Grabarten Urnenreihengrabstätte, Urnenrasenreihengrabstätte, Urnenreihenpflegegrab und Wahlgrabstätte für Urnen.

6 Erläuterung zu den Grabarten

6.1 Reihengrab

Bei einer Reihengrabstätte wird nach der Reihe beerdigt. Das Aussuchen des Grabes ist hierbei nicht möglich. Das Grab muss meist über einen Zeitraum von 20 oder 25 Jahren selber gepflegt werden. Bei Rasenreihengräbern handelt es sich um eine Grabart, bei der eine Pflege über den Zeitraum von 20 oder 25 Jahren vom Friedhofsträger in Form von Rasenschnitt gewährleistet wird. Mittlerweile gibt es aber auch Friedhöfe, die beispielsweise sehr dekorativ angelegte Reihengräber für Urne oder Sarg samt Grabstein, Bepflanzung und Grabpflege über die Dauer des Nutzungszeitraumes anbieten.

6.2 Urnengemeinschaftsgrab

Das Urnengemeinschaftsgrab ist ein Grabplatz, der über den Nutzungszeitraum gärtnerisch gepflegt wird. Auf einem gemeinschaftlichen Grabstein wird der Name des Verstorbenen angebracht. In einem Urnengemeinschaftsgrab werden, wie es der Name schon sagt, immer mehrere Urnen nacheinander beigesetzt. Eine individuelle Bepflanzung ist hier nicht möglich, weiter ist das Urnengemeinschaftsgrab nicht verlängerbar.

6.3 Wahlgrab

Bei Wahlgräbern besteht die Möglichkeit, die Grablage ganz individuell auszusuchen. Wahlgräber gibt es als einstellige, aber auch als mehrstellige Gräber. Früher war diese Grabart unter der Bezeichnung Gruft bekannt. In der Regel wird nebeneinander beerdigt, jedoch ist auf manchen Friedhöfen auch eine sogenannte Tiefenbestattung möglich. Dies bedeutet, der erste Sarg wird tiefer beerdigt und der zweite Sarg in der üblichen, vorgeschriebenen Tiefe darüber. Der Nutzungszeitraum für solche Gräber liegt meist zwischen 20 und 25 Jahren, dieser kann aber verlängert werden.

6.4 Anonyme Erdbestattung

Die Beisetzung erfolgt mit einem Sarg auf einem Gemeinschaftsfeld. Die Grabstelle ist nicht individuell gekennzeichnet. Es besteht die Möglichkeit, als Angehörige bei der Beisetzung dabei zu sein. Auf kirchlichen Friedhöfen sind anonyme Beisetzungen nicht möglich.

6.5 Feuerbestattung

Bei einer Feuerbestattung stehen verschiedene Möglichkeiten der Trauerfeiergestaltung zur Auswahl.

Möglichkeit I: Der geschlossene Sarg wird nach der Trauerfeier, die in der Friedhofskapelle oder in einer Kirche stattfindet, zum Krematorium überführt. Die Bestattung der Asche erfolgt dann später in einem Urnengrab in der Erde oder in einer Urnenstele, auch Kolumbarium genannt. Zur Beisetzung der Urne ist dann meist nur noch der engste Familienkreis dabei, durchaus auch ein Geistlicher.

Möglichkeit II: Die Trauerfeier findet erst nach der Kremierung (Einäscherung) des Verstorbenen in einer Trauerhalle oder Kirche statt, dann aber mit der Urne. Im Anschluss daran erfolgt meist die Beisetzung der Urne in der Erde oder in einer Urnenstele. Die Urnenstele kann sich auf einem Friedhof oder in einem sogenannten Kolumbarium in einer Kirche oder einem Bestattungshaus befinden. In dieser Reihenfolge ist eine Bestattung zur Zeit die gängigere Variante.

6.6 Anonyme Feuer- / Urnenbestattung

Die Beisetzung erfolgt auf einem Gemeinschaftsfeld, die Grabstelle ist nicht individuell gekennzeichnet. Es besteht die Möglichkeit, als Angehörige bei der Beisetzung dabei zu sein, mit Ausnahme von Bestattungen, die vom Amt für öffentliche Ordnung (Ordnungsamt) bei dem jeweiligen Bestatter in Auftrag gegeben wurden. Hierbei handelt es sich um eine Bestattung von Amtswegen. Eine Begleitung ist in diesem Fall nicht möglich. Hier wird die Urne auf einem städtischen Friedhof von Mitarbeitern der Stadt beigesetzt. Vor der Beisetzung haben meist Geistliche die Möglichkeit, bei den Verstorbenen ihrer Konfession an der Urne eine Aussegnung vorzunehmen. Auf konfessionellen Friedhöfen ist keine anonyme Bestattung möglich, meist werden aber günstige pflegeneutrale Alternativen angeboten.

6.7 Verstreuen der Asche

Grundsätzlich besteht die Möglichkeit, die Asche verstreuen zu lassen. Vorraussetzung dafür ist aber in der Regel, dass der Verstorbene dies zu Lebzeiten ausdrücklich gewünscht und in einer Erklärung schriftlich fixiert hat. Weiter muss der Friedhofsträger natürlich eine solche Bestattungsmöglichkeit anbieten, beispielsweise eine sogenannte Streuwiese. Diese Art der Bestattung wird aber bisher eher selten gewählt und ist auf nur wenigen Friedhöfen bundesweit möglich.

6.8 Seebestattung

Hier wird die Urne im Meer beigesetzt; im Regelfall Nord- oder Ostsee, jedoch ist die Beisetzung auf allen Weltmeeren möglich. Auch hier gibt es zwei Möglichkeiten für eine Trauerfeier.

Möglichkeit I: Der Sarg wird nach der Trauerfeier in einer Kirche oder Trauerhalle zur Einäscherung zum Krematorium überführt. Die Urne wird dann nach der Einäscherung der Reederei übergeben und wird anschließend von dieser entweder still, also ohne Angehörige, oder im Beisein der Angehörigen in der See beigesetzt.

Möglichkeit II: Nach der Einäscherung des Verstorbenen wird die Urne zur Reederei überführt, von dort geht der Weg mit dem Schiff zu der Stelle, wo die Urne feierlich der See übergeben wird. Auch hier gilt: Die Urne kann entweder still, also ohne Angehörige, oder im Beisein der Angehörigen der See übergeben werden.

6.9 Baumbestattung

Die Beisetzung der Asche (im Regelfall in einer biologisch abbaubaren Urne) erfolgt an einem Baum innerhalb eines Friedhofes oder eines dafür vorgesehenen Waldstückes.

Die Baumbestattung in einem Wald ist nicht in allen Städten möglich. Durchgeführt werden die Beisetzungen von Unternehmen, die mit den örtlichen Bestattern zusammenarbeiten (z.B. "Friedwald" oder "Ruheforst"). Auch hier ist eine Trauerfeier mit Sarg vor der Einäscherung denkbar. In der Regel aber wird die Trauerfeier mit der Urne in dem Begräbniswald durchgeführt.

Sicherlich sind noch eine Mehrzahl von Möglichkeiten offen und können meist nur in einem persönlichen Gespräch erörtert werden. Welche Grabart und welche Variante man für einen Trauerfall wählt, ist absolut individuell und auf jeden einzelnen abgestimmt. Jedoch sollte man die körperliche Verfassung, Vorlieben und Gewohnheiten der nächsten Angehörigen bezüglich einer Grabart und dem Grabort immer berücksichtigen.

7 Friedhofszwang

Das Bestatten eines Verstorbenen oder seiner Asche ist in den meisten Bundesländern nur auf Friedhöfen gestattet. Ausschließlich das Bundesland Bremen bietet die Möglichkeit der Aschenbestattung ohne Urne außerhalb eines Friedhofes.

8 Grabmale

Für die Gestaltung und das Aufstellen von Grabmalen bestehen Vorschriften, die die Form, das Material, die Größe, die Bearbeitung und die Beschriftung von Grabmalen regeln. Diese Richtlinien sowie die Vorschriften über die Fundamentierung und das Verdübeln von Grabmalen sind den auf den Friedhöfen arbeitenden Steinmetz- und Bildhauerhandwerkern bekannt. In der Regel reichen diese Firmen auch die vorgeschriebenen Anträge über die Aufstellung oder Änderung von Grabmalen bei der jeweiligen Friedhofsverwaltung zur Genehmigung ein.

Durch das eigene Bewusstsein für Individualität und Stolz auf das gelebte Leben werden Friedhöfe auch weiterhin Orte der Trauer, aber auch der Erinnerung, des Trostes und der Nähe sein. Das Andenken an verstorbene Personen zu bewahren, gehört zu den wichtigsten Aspekten der Trauerarbeit und hilft, nach und nach mit dem Tod eines geliebten Menschen weiterzuleben. Die liebevolle und individuelle Gestaltung der letzten Ruhestätte hilft nicht nur das Andenken an einen lieben Menschen für sich selbst und für andere zu bewahren, sondern erlaubt und ermöglicht auch wichtige Schritte für den eigenen Trauerweg.

9 Im Trauerfall das Richtige tun

Wenn ein Angehöriger stirbt, sind alltägliche Dinge plötzlich nicht mehr wichtig. Trotzdem gibt es vieles zu erledigen und zu entscheiden. Nachstehend sind einige Hilfestellungen und Informationen beschrieben.

9.1 Benötigte Dokumente

Damit der Bestatter den Sterbefall beim zuständigen Standesamt beurkunden und die Bestattung angemeldet werden kann, werden folgende Dokumente benötigt:

- Personalausweis der verstorbenen Person, wenn sie außerhalb des Wohnortes verstorben ist.

- Die vom Arzt ausgestellte Todesbescheinigung (vertraulicher und nichtvertraulicher Teil), auch Totenschein genannt.

- Vom Standesamt wird eine Sterbefallanzeige gefordert, die in der Regel vom Krankenhaus, der Pflegeeinrichtung, in der sich der Verstorbene befand, oder

der Polizei ausgestellt wird. Bei Haussterbefällen wird der Bestatter eine solche Bescheinigung anfertigen.

- Bei Ledigen muss die Geburtsurkunde vorgelegt werden.

- Bei Verheirateten die Heiratsurkunde, die sich meist im Familienbuch (Stammbuch) befindet.

- Bei Geschiedenen werden das Scheidungsurteil und das Familienbuch mit Heiratsurkunde benötigt.

- Bei Verwitweten das Familienbuch mit Heiratsurkunde und die Sterbeurkunde des Ehegatten.

Weiterhin sind folgende Dokumente bereit zu halten:

- Rentenbescheid(e) / Rentennummer(n), Versicherungspolicen (im Original) von Lebensversicherungen oder Sterbekassen, ggf. ein Kontoauszug mit der letzten Abbuchung,

- Krankenkassenkarte,
- Grabdokument über ein eventuell schon vorhandenes Familiengrab oder einer Urnenstele,
- Testament, soweit ein solches angefertigt wurde (Das Nachlassgericht benötigt eine Sterbeurkunde im Original).

9.2 Standesamt

Alle Sterbeurkunden, die im Original vorliegen, sind beglaubigte Urkunden und werden verlangt von der Friedhofsverwaltung oder dem städtischen Friedhofsamt, der Kirche, der Krankenkasse, der Rentenversicherung, Lebens- und Sachversicherungen, der Sterbekasse, den Banken, vom Nachlassgericht, dem Notar, dem Krematorium, dem Versorgungsamt und vielen mehr. Das Standesamt des Ortes, in dem der Todesfall eingetreten ist, stellt die Sterbeurkunden aus. Im Regelfall übernimmt der Bestatter als Dienstleistungsunternehmen die Besorgung dieser Dokumente für die Hinterbliebenen.

9.3 Krankenkasse

Sollten Angehörige bei dem Verstorbenen mitversichert sein, besteht der Versicherungsschutz für diese nur für den Zeitraum von einem Monat nach Eintritt des Sterbefalls weiter. Innerhalb dieser Zeit haben die Angehörigen aber die Möglichkeit, sich bei der Krankenkasse selbst zu versichern. Ist die Mitgliedschaft bei einer privaten Krankenversicherung, ist diese auch zu verständigen. Die Unterrichtung der Krankenkasse vom Tod des Versicherten und die damit verbundene Abmeldung nimmt der Bestatter vor.

10 Finanzielle Unterstützung

10.1 Finanzamt

Unser Staat bietet die Möglichkeiten unter gewissen Umständen die Bestattungskosten durch die Erben steuermindernd bei der Lohnsteuer- oder Einkommenssteuererklärung geltend zu machen. Voraussetzung ist allerdings, dass der Nachlass nicht ausgereicht hat, um die Bestattungskosten zu decken.

10.2 Witwen-/Witwer-/Waisenrente

Der Antrag auf Hinterbliebenenrente bei Ehepaaren ist innerhalb von vier Wochen beim Rentenamt der jeweiligen Stadt zu stellen. Hierzu wird eine gekennzeichnete Sterbeurkunde zum Zwecke der Sozialversicherung benötigt. Den Antrag auf Vorschusszahlungen der bisherigen Rente für weitere drei Monate ist innerhalb von 20 Tagen zu stellen. Hierzu wird eine Sterbeurkunde zum Zwecke der Sozialversicherung und die letzte Rentenmitteilung benötigt. Diese Zahlung dient als Überbrückung für den Zeitraum der Umstellung der Rente auf Hinterbliebenenrente. Den Antrag auf Vorschusszahlung hält im Regelfall der Bestatter für Sie bereit. Beim

Antrag auf Waisenrente ist folgendes zu beachten: Für Waisen bis zum 18. Lebensjahr wird die Geburtsurkunde benötigt. Für Waisen zwischen 18 und 25 Jahren wird ein Schul-, Studiums- oder Berufsausbildungsnachweis verlangt.

10.3 Betriebsrente

Durchaus gibt es Unternehmen, die ihren Beschäftigten eine Betriebsrente zusprechen. Es kann möglich sein, dass auch hier der hinterbliebene Ehegatte daraus eine Witwen-/Witwerrente erhält. Die Information über die Betriebsrente gibt man am besten an den Bestatter weiter oder setzt sich direkt selbst mit dem Unternehmen in Verbindung.

10.4 Beihilfe für Beamte

Angehörige, deren Verstorbene in einem Beamtenverhältnis standen, haben einen Anspruch auf Beihilfe. Ansprechpartner sind die Besoldungsämter und Beihilfestellen. Auch hier wird der Bestatter versuchen, weiter zu helfen.

10.5 Sozialhilfe

Das Sozialamt stellt Hinterbliebenen, die selbst Sozialhilfe beziehen oder ein geringes Einkommen haben, einen Bestattungszuschuss zur Verfügung. Geht man davon aus, dass einem möglicherweise ein solcher Zuschuss zusteht, sollte man noch vor der Bestattung diesen beantragen und das Bestattungsunternehmen darüber informieren, da dann für die Bestattung feste Sätze beachtet werden müssen. Sozalhilfe ist also nicht für den Verstorbenen zu beantragen, sondern von den Hinterbliebenen für sich selbst, wenn die Bestattung durch diese vorgenommen wird.

10.6 Versicherungen

Für die Auszahlung von Lebensversicherungen wird immer die Originalpolice und eine Sterbeurkunde, ebenfalls im Original, benötigt und sollte auf dem schnellstmöglichen Weg bei dem Versicherer eingereicht werden. Unfallversicherungen erwarten bei einem Unfalltod zu der Police eine Sterbeurkunde und eine Bescheinigung vom Arzt über die Todesursache/Todesumstände. Die Versicherungsgesellschaften sollten immer zeitnah über den Tod des Versicherungsnehmers informiert werden. So können die Verträge dann auf den Ehegatten eventuell übertragen werden. Manche Versicherungen, wie z.B. die Rechtschutzversicherungen und die Privathaftpflicht, laufen in der Regel bei Tode alleinstehender Personen einfach aus.

10.7 Berufsgenossenschaften

Sollte der Tod im Zusammenhang mit der Arbeit stehen (auch nach Jahren noch), z.B. durch eine Berufskrankheit, den berufsbedingten Wegen oder einem Berufsunfall, kann ein Anspruch auf Leistungen bestehen.

10.8 Gewerkschaften

Einige Gewerkschaften zahlen durchaus noch Sterbegelder. Auch hier ist es ratsam, mit der jeweiligen Gewerkschaft Kontakt aufzunehmen. Das Bestattungsunternehmen wird versuchen, den Hinterbliebenen auch hier weiter zu helfen.

11 Die gesetzliche Betreuung endet mit dem Tod

Mit dem Tod des Betreuten endet die Betreuung. Ein Betreuer kann und darf aus seiner gerichtlichen Bestellung nicht mehr für den Verstorbenen handeln. Darum ist die rechtzeitige Vorsorge für die Bereiche Beerdigung, Grabauswahl und evtl. Grabpflege z.B. in einem Bestattungsvorsorgevertrag umso wichtiger.

12 Wer muss informiert werden?

12.1 Rundfunk

Die Gebühreneinzugszentrale (GEZ) ist für die Erhebung der Rundfunkgebühren zuständig. Bei der GEZ müssen dann auch eben jene Rundfunkgeräte abgemeldet werden, wenn der Haushalt des Verstorbenen aufgelöst wird. Eine Ummeldung ist erforderlich, wenn der Haushalt durch Hinterbliebene weiter geführt wird. Vordrucke für das Ab- oder Ummelden liegen meist bei den Banken und Sparkassen bereit.

12.2 Vereine

Vereinsmitgliedschaften enden automatisch mit dem Tod des Mitgliedes. Es ist jedoch ratsam, dass die Hinterbliebenen den Tod ihres Angehörigen dem Verein mitteilen.

12.3 Kreditinstitute

Die Bank oder Sparkasse sollte umgehend mit einer Sterbeurkunde im Original über das Ableben des Konto-/mitinhabers informiert werden, auch wenn der oder die Hinterbliebenen eine Kontovollmacht besitzen.

12.4 Mietvertrag

Es ist ein Irrtum, wenn man davon ausgeht, dass das Mietverhältnis automatisch mit dem Tod gekündigt ist. Kündigen können in diesem Falle die Angehörigen, Erben aber auch der Vermieter. Bei dem Tod eines Ehegatten rückt beispielsweise der Überlebende automatisch in das schon bestehende Mietverhältnis nach. Fragen hierzu kann ein Fachanwalt für Mietrecht, aber auch der Mieterschutzbund beantworten.

13 Den Nachlass regeln

13.1 Testament

Es besteht die Möglichkeit ein eigenhändiges, handschriftliches Testament zu verfassen. Um dabei Missverständnisse auszuschließen, sollte die Unterschrift mit Vor- und Zunamen erfolgen und die Niederschrift Ort und Datum enthalten. Der bessere und sicherere Weg allerdings ist immer ein vom Notar erstelltes und von ihm beglaubigtes Testament.

Was ist zu beachten? Es gibt eine Fülle von gesetzlichen Vorschriften, die regeln, wer denn wen und wie beerbt. Der Gesetzgeber hat es jedoch jedem Bürger freigestellt, sein Erbe zu regeln und alles zu Lebzeiten selbst festzulegen in Abweichung vom Gesetz. Jedermann kann und darf also eine individuelle und angemessene Vorsorge treffen. Rechtliche Altersvorsorge besteht in der Regel aus Vorsorgevollmacht (für alle rechtlichen und wirtschaftlichen Dinge, Patientenverfügung für Krankheit und Betreuung), Testament (Erbfolge). Auch wenn das Internet und viele Bücher guten Rat und Hilfen bieten, sollte man in jedem Fall eine rechtliche Beratung in Anspruch nehmen. Der richtige Ansprechpartner in solchen Fällen ist der Notar. Denn er kann nach Beratung und bei Bedarf sogleich die richtigen Urkunden ausstellen. Es ist ratsam, nichts einfach dem Gesetz zu überlassen. Nicht selten führt dies zu unerwünschten Ergebnissen.

Zwei Beispiele:

Ein kinderloses Ehepaar hat kein Testament. Der Ehemann verstirbt. Die Ehefrau glaubt sich als Alleinerbin. Doch weit gefehlt. Zu einem Viertel erben die Eltern oder Geschwister des Verstorbenen mit. Durch ein Testament hätte man dies verhindern können.

Ein anderes Beispiel zum Sinn und Notwendigkeit eines notariellen Testamentes. Ein Ehepaar mit einem Kind hat ein Testament auf Gegenseitigkeit vor dem Notar errichten lassen; Schlusserbe ist das Kind. Der Ehemann verstirbt. Mit einem sicheren Automatismus kommt es zur Testamentseröffnung. Das zuständige Standesamt erstellt eine Sterbeurkunde und informiert zugleich das Zentrale Testamentsregister bei der Bundesnotarkammer. Dort stellt man fest, dass es ein Testament gibt und informiert das Amtsgericht (Nachlassgericht), wo das Testament im Original hinterlegt ist. Das Amtsgericht eröffnet das Testament und übersendet es mit Eröffnungsprotokoll an die Ehefrau. Sie hat nun einen Erbnachweis. Sie braucht dann keinen Erbschein, wie immer bei einem privatschriftlichen Testament. Dasselbe geschieht noch einmal, wenn die Ehefrau verstirbt. Nur das notarielle Testament gilt als Erbnachweis! Im vorliegenden Fall sind den Erben also viele Wege, wie zum Beispiel das Beibringen von Personenstandsurkunden und Kosten erspart worden.

13.2 Erbschaft

Die Erbfolge ist in unserem Land streng geregelt. Wenn kein Testament verfasst wurde, gilt die gesetzliche Erbfolge. Neben dem Ehegatten erben somit auch die Verwandten. Ist eine Erbschaft bereits angefallen, sind viele Dinge zu beachten, unter anderen: Wie bekomme ich einen Erbnachweis? Muss ich die Erbschaft wegen Überschuldung ausschlagen? Welche Erbschaftssteuer fällt an? Außer in ganz einfach gelagerten Fällen sollte man auch hier fachlichen Rat einholen, etwa bei einem Rechtsanwalt, der sich auf das Erbrecht spezialisiert hat, oder bei einem Notar. Eine Erbausschlagung kommt etwa bei Überschuldung des

Nachlasses in Betracht. Ausschlagen kann man nur innerhalb einer Frist von sechs Wochen. Die Ausschlagungserklärung muss öffentlich beglaubigt sein; das macht der Notar. Die Frist beginnt mit dem Tag, da man vom Tod des Erblassers und der eigenen Erbenstellung erfährt. Bei Erben erster Ordnung (Kinder) und dem Ehegatten fällt dies in der Regel auf den Tag, an dem man vom Tod erfährt. Aber auch wenn diese Frist versäumt wurde, gibt es Wege, die eigene Haftung auf den Nachlass zu beschränken.

Noch ein paar Tips: Sofern man weiß, welche Bankkonten der Erblasser hatte und dass eventuell mehrere Erben vorhanden sind, informieren Sie die Bank(en), damit die Konten vorläufig als Nachlasskonten geführt werden. Hatte der Erblasser Immobilien, kann der Erbe die Grundbücher auf seinen Namen umschreiben (berichtigen) lassen, und zwar kostenlos innerhalb der ersten zwei Jahre ab dem Todestag, wenn er den Erbnachweis (Erbschein oder notarielles Testament) vorlegt. Bei Lebensversicherungen: Sofern der Erblasser einen Bezugsberechtigten bei der Versicherungsgesellschaft hat eintragen lassen, geht diese Regelung am Erbrecht vorbei; der Bezugsberechtigte bekommt die Versicherungsleistung unabhängig davon, wer Erbe ist.

14 Urlaubsanspruch bei Todesfall

Sonderurlaub kann bei einer Geburt, einer Hochzeit und bei einem Umzug beansprucht werden. Tritt in der eigenen Familie ein Sterbefall ein, kann auch dann Sonderurlaub beim Arbeitgeber beantragt werden. Die gesetzlichen Regelungen zum Urlaubsanspruch bei einem Todesfall besagen, dass nur die nächsten Verwandten einen Anspruch auf bezahlten Sonderurlaub haben, also Ehepartner, Eltern, Kinder, Geschwister. Üblicherweise beläuft sich die Dauer des Urlaubes auf ein bis zwei Tage. Die emotionale Belastung ist bei den Hinterbliebenen meist sehr groß. Zusätzlich zur Trauer müssen sie sich um die Bestattung kümmern. Es fällt daher meist schwer, den gewohnten Arbeitsalltag fortzusetzen. In manchen Fällen ist eine Freistellung oder ein Urlaubsgesuch ein guter Weg, um seiner Trauer Raum zu ermöglichen. Sollte die emotionale Belastung den Trauernden so stark beeinflussen, dass die gewohnte Arbeit zur Zeit nicht zuzumuten ist, ist eine Krankschreibung durch den Hausarzt sinnvoll.

15 “Richtig” Anteil nehmen

Nicht selten tauchen Fragen um das „Wie-mache-ich-was?” rund um das Verhalten im Todesfall oder einer Trauerfeier und deren Rituale auf. Wie soll man mit den Trauernden oder der eigenen Trauer umgehen und wie erst mit dem Toten? Das Leben, das bisher so vertraut war, wird auf einmal fremd. Nichts ist mehr so, wie es mal war. Von jetzt auf gleich ist alles anders. Im Umgang mit Betroffenen ist manches Mal eine Unsicherheit da bezüglich der Formen und Rituale um ein Begräbnis. Traditionen, die früher zum Leben dazu gehörten, sind uns augenscheinlich fremd geworden. Rituale haben einen tiefen Sinn und helfen, Trauer zu verarbeiten um letztendlich einen Weg zurück ins Leben zu finden. Unter dem Begriff Ritual versteht man im Zusammenhang mit Trauer und Abschied ein besonderes Verhalten oder eine besondere Handlung, beispielsweise der Erdwurf am offenen Grab. Mit den eigenen Händen gibt man den Leib der Schöpfung zurück, so wie es in der Heiligen Schrift in 1. Mose 3. 19 nachzulesen ist: „...bis du zurückkehrst zur Erde, von der du genommen bist. Denn Staub bist du, und zu Staub wirst du werden.“ Kurzum, die bekannten Worte: „Erde zu Erde, Asche zu Asche, Staub zu Staub.“ Oder das mittlerweile gängige Streuen von Blütenblättern in das Grab. Diese Geste symbolisiert das wohl behütete Zudecken mit leichten Blütenblättern. Aber auch das Anzünden einer Kerze hat einen symbolischen und einen rituellen Charakter. Die brennende Kerze ist das Symbol für Wärme, Licht und Leben, aber auch für Vergänglichkeit. Sie verbrennt und auch ihr Leben weicht. Auch das Schreiben eines Briefes oder das Malen eines Bildes, um es dem Verstorbenen auf seiner letzten irdischen Reise mitzugeben, hat einen hohen rituellen Wert für die Hinterbliebenen, die sich meist in einer besonders emotionalen Phase des Trauerprozesses befinden.

Kondolieren ist Mitgefühl zeigen. Wie mache ich es richtig? Im Kondolieren drückt man seine persönliche Anteilnahme aus. Das „Wie" ist hierbei jedoch von besonderer Bedeutung. Wer eine Traueranzeige in Form von Trauerpost erhält, sollte umgehend sein Beileid durch eine Karte oder einen Brief aussprechen. Einen Trauerbrief per eMail oder SMS zu beantworten, wäre ganz sicher unangemessen. Eine telefonische Reaktion setzt durchaus ein eher engeres Verhältnis zum Trauerhaus voraus. Einige Zeilen in Form eines Briefes oder einer Karte ist ganz sicher der richtigere Weg. Kurze, aber auch eindeutige, nicht übertriebene Sätze dürfen es sein, wie:

„Uns hat die Nachricht vom Tode ihres Mannes sehr erschüttert” oder „Wir sind in Gedanken und mit unseren Gebeten bei euch”.

Aus Rücksicht auf die Hinterbliebenen sollte man nicht von sich aus näher auf die Todesumstände eingehen. Auch ist zu vermeiden, dem Tod eine gutgemeinte Bedeutung als Trost zuzusprechen wie z.B.:

„Es geht ihm/ihr da, wo er/sie jetzt ist, besser”.

„Die Zeit heilt alle Wunden”.

„Er/Sie ist jetzt erlöst”.

„Ich weiß, was du jetzt durchmachst”.

15.1 Die Trauerfeier

Der Friedhof ist ein Ort der Ruhe und des Erinnerns. Eile und Hektik haben hier keinen Platz, aber dennoch sind auch Trauerfeiern an ein geregeltes Zeitfenster gebunden. Eine gute halbe Stunde ist meist der Rahmen, der einer Trauerfeier in einer Trauerhalle auf dem Friedhof zur Verfügung steht. Sollte mehr Zeit benötigt werden, muss dies schon im Vorfeld mit dem Bestattungshaus und der Friedhofsverwaltung abgestimmt werden, was aber in der Regel kein Problem darstellt. Darüber mit dem Bestatter und demjenigen zu sprechen, der die Trauerfeier durchführt, wäre sicherlich sinnvoll.

Es ist ratsam, etwa 15 bis 20 Minuten vor Beginn der Trauerfeier zu erscheinen. Liegt eine Kondolenzliste aus, sollte man sich frühzeitig eintragen.

Zum Verhalten vor und in der Trauerhalle gibt es eine einfache Grundregel: Draußen sprechen, drinnen schweigen. In der Trauerhalle herrscht Ruhe. Wenn man am meisten empfindet, weiß man ohnehin am wenigsten zu sagen.

Wie sieht es mit der Kondolenz am Tag der Beerdigung aus?

Wenn sich Angehörige einer Kondolenz entsprechend an der Trauerhalle oder am Grab aufstellen, kann man davon ausgehen, dass Beileidsbekundungen durch ein paar angemessene Worte und einen Händedruck erwünscht sind. Zurückhaltung üben sollte man jedoch, wenn die Traueranzeige bereits den Vermerk enthält „Von Beileidsbekundungen am

Grab bitten wir abzusehen". Das gleiche gilt, wenn Angehörige etwas abseits vom Grab stehen oder sich langsam zurückziehen. Hier sollte man nicht den Fehler begehen, aus einem derartigen Verhalten auf Gefühlskälte oder den Wunsch nach bewusster Distanz von Seiten der Angehörigen zu schließen. Vielmehr ist dies zumeist ein Zeichen, dass die Familie fürchtet, nicht die Kraft zur Entgegennahme der Anteilsbekundungen zu haben oder die „Fassung" zu verlieren. Solche Wünsche sollte man respektieren.

15.2 Offene Aufbahrung - ja oder nein?

Früher war es selbstverständlich, dass man sich abwechselte und am offenen Sarg Totenwache hielt. Die Zeiten, an denen man unmittelbar vor einer Trauerfeier am offenen Sarg in Reih und Glied vorbei geht, gehören aber auch der Vergangenheit an. Wenn der Wunsch nach einer persönlichen Abschiednahme besteht, betrifft dies heute meist den engsten Kreis der Angehörigen. Der Zeitpunkt ist somit nicht an den Beerdigungstermin gebunden. Vom Verabschieden im Krankenhaus bis zum Tag der Beerdigung vergehen nicht selten bis zu sieben oder acht Tage und so fehlt in diesem Zeitraum der wichtige Teil des Verabschiedens am Sarg und damit verbunden das Realisieren der Todeswahrheit.

„Er oder sie ist wirklich tot". „Ich muss es jetzt begreifen." Erschreckende Phantasien oder Vorstellungen über den Anblick eines Verstorbenen lösen sich oft beim tatsächlichen Erleben des letzten Beisammenseins auf. Das Berühren, aber auch schon das bloße Betrachten des Verstorbenen sind die einzigen wirklichen Möglichkeiten, sich bewusst vom Verstorbenen zu verabschieden. Alle irrationalen, aber durchaus auch verständlichen Phantasien, ob es auch wirklich der „richtige Tote" ist, werden damit aus dem Weg geräumt.

15.3 Wie lange kann der Verstorbene nach Eintritt des Todes in seiner gewohnten Umgebung verbleiben?

Im Bestattungsgesetz des Landes Nordrhein-Westfalen ist im § 7, Abs. 1 folgendes zu lesen: „Jeder Verstorbene ist spätestens 36 Stunden nach Eintritt des Todes, jedoch nicht vor Ausstellung der ärztlichen Todesbescheinigung, in eine Leichenhalle zu überführen. Auf Antrag eines Angehörigen (§ 2, Abs. 1) kann die örtliche Ordnungsbehörde die Aufbewahrung des Verstorbenen im Sterbehaus (Hausaufbahrung) oder an anderer Stelle genehmigen, wenn durch ärztliches Zeugnis bescheinigt wird, dass Bedenken hiergegen nicht bestehen".

15.4 Kinder

Der Tod ist Teil des Lebens. Kinder können nicht vor dieser Realität bewahrt werden, indem man sie von der Teilnahme an Trauerfeiern ausschließt, auch wenn nicht alle Worte und Handlungen verstanden werden. Nicht selten stellt sich die Frage, was machen wir mit unseren Kindern während der Trauerfeier und Beerdigung? Auch hier gibt es, wie für vieles was im Zusammenhang mit einer Bestattung steht, kein Richtig oder Falsch. Ob Kinder an einer Trauerfeier teilnehmen, sollten deren Eltern entscheiden. Kinder trauern anders und gehen mit einer solchen Ausnahmesituation oft auf eine ganz andere Weise um als man es von ihnen erwartet hätte. An einer Trauerfeier teilzunehmen ist in vielen Fällen der bessere Weg, statt von dem Kreis der Trauernden ausgeschlossen zu werden. Erklären Sie den Kindern was passiert ist, ohne zu verharmlosen. Sprechen Sie nicht von „eingeschlafen", sondern von „tot" und „gestorben". Lassen Sie die Kinder an Trauer und Ritualen teilhaben. Jedoch sollten Kinder nicht gänzlich unvorbereitet mit dem Thema Tod konfrontiert werden. Ein vorheriges Gespräch, verbunden mit einem Friedhofsbesuch, oder ein erklärendes, bebildertes Buch wäre sicher sinnvoll.

15.5 Trauer ist keine Krankheit

Wissen, Können, Titel oder Geld – was man ist und was man hat, scheint in diesen Augenblicken nicht mehr zu zählen. Trauer will gelebt sein und braucht dafür Raum, Schutz und Zeit. Oft zeigt sich gerade in den Tagen nach der Beerdigung ein Gefühlschaos aus Niedergeschlagenheit, Verzweiflung, Ratlosigkeit, Ärger, Wut, Schuldgefühlen. Quälende Erinnerungen und Gedanken der Sinnlosigkeit verstärken dies meist noch. Eine nicht gelebte Trauer kann durchaus ein Tor zur Depression werden. Manchmal sind auch körperliche Beschwerden die Folge einer nicht durchlebten Trauer. Wenn man spürt, dass diese Belastung über einen längeren Zeitraum anhält, ist es ratsam fachärztliche bzw. psychologische Unterstützung und Behandlung zu suchen. Hierbei wird immer das Ziel sein, aus dem eigenen, persönlichen Trauerweg wieder einen neuen Lebensweg zu gestalten.

15.6 Kleidung

Die Kleidung während einer Trauerfeier sollte eher gedeckt sein. Schwarz ist in unserer Kultur die Farbe der Trauer. Sie entspricht aber auch der empfundenen Gemütsverfassung und signalisiert der

Umwelt, dass man sich in einer Krisensituation befindet. Kleinkinder tragen keine schwarze Kleidung – dies ist weder notwendig noch angebracht. Sollte es der ausdrückliche Wunsch des Verstorbenen oder der Angehörigen sein, dass alle Trauergäste in nicht üblicher Trauerkleidung zur Trauerfeier erscheinen, sollte dies im Vorfeld auch mitgeteilt werden. Wie lange die durch Kleidung sichtbare Trauerzeit sein soll, ist die Entscheidung eines jeden einzelnen.

15.7 Handy

Das Mobiltelefon sollte in den Augenblicken des persönlichen Abschiedes nicht zu hören und nicht zu sehen sein. Nicht selten unterbricht leider ein Vibrieren oder ein Klingeln die andächtige Stille in einer Trauerhalle.

15.8 Blumen und Kränze

Blumen drücken ohne Worte Sympathie und Anerkennung aus. Blumenschmuck und Kränze bei einer Bestattung sind Ausdruck einer Tradition, die sich über die Jahrhunderte entwickelte. Sie wurden zum Symbol für den Umgang der Menschen mit dem Tod. So steht der Kranz gleichzeitig für den sich schließenden Lebenskreis, symbolisiert aber auch als Gebilde ohne Anfang und Ende das Weiterleben. Schon in der Antike war mit dem Kranz nicht nur der Gedanke an Siege verbunden, sondern auch der Trost vermittelnde Glaube an Unendlichkeit und ewiges Leben.

15.9 Stehend begleiten

Wird der Sarg oder die Urne in der Trauerhalle oder Kirche vom Katafalk angehoben und vor der Trauergemeinde nach draußen getragen, erheben sich die Anwesenden und legen so ein Zeugnis der Ehrerbietung dem Verstorbenen gegenüber ab. Das Gleiche gilt auch bei einem Trauer- oder Trostgottesdienst in einer Kirche, wo die Angehörigen vielleicht vor der Trauergemeinde das Kirchenschiff verlassen. Das "sich erheben" in Anwesenheit der Angehörigen bezeugt ein "wir gehen den Weg der Trauer ein Stück mit". Findet die Trauerfeier in der Kirche und die Beisetzung zu einem anderen Zeitpunkt auf dem Friedhof statt, gehen die Trauergäste nach Beendigung der Trauerfeier in einem stillen Trauerzug am Altar vorbei. Ein kurzes Verharren oder eine angedeutete Verbeugung vor dem Bild, der Urne oder dem Sarg, bevor man den Angehörigen in der Kirche kondoliert, zeugt eindeutig von Respekt dem Verstorbenen gegenüber und ist darüber hinaus auch eine Gelegenheit, sich ganz persönlich mit einem stillen Gruß oder Gebet zu verabschieden. Das Warten bis zum Kondolieren sollte ohne ein Gespräch mit den anderen Trauergästen erfolgen.

15.10 Trauerzug, Kopfbedeckung und richtiges Verhalten auf dem Friedhof

Die Regel ist: Auf Hauptwegen eines Friedhofes wird der Hut oder die Mütze getragen, die Grabnähe jedoch gebietet die Abnahme der Kopfbedeckung. Bei Herren ist es üblich in einer Kirche oder Trauerhalle keine Kopfbedeckung zu tragen. Der Weg zum Grab sollte schweigend erfolgen. Die Reihenfolge des Trauerzuges ähnelt der Sitzordnung in der Kirche oder Trauerhalle. Je nach Beziehung zur Familie und zum Verstorbenen nimmt man seinen Platz ein. Die vorderen Plätze sind den Verwandten und engen Freunden vorbehalten. Man spricht bei einem Trauerzug auch von einem Kondukt. So befindet sich an der Spitze des Trauerzuges der Konduktführer. In der Regel ist dies der Bestatter, der die Örtlichkeiten und den Weg zum Grab kennt. Meist ist es aber auch ein Bediensteter des Friedhofes. Nach den Konduktführern kommen bei großen Trauerfeiern die Musikkapelle oder der Chor, dann der Blumen- oder Kranzwagen, dann die Urne oder der Sarg, dahinter die Familie, diese in der üblichen Reihenfolge, ähnlich wie die Sitzordnung in der Trauerhalle. Bei Begräbnissen des evanglischen und neuapostolischen Bekenntnisses gehen die Geistlichen meist hinter der Urne oder dem Sarg, aber vor den Angehörigen her. Es symbolisiert so die Begleitung der Trauernden. Bei Begräbnissen des katholischen Bekenntnisses geht der Geistliche vor der Urne und vor dem Sarg her und symbolisiert somit die Begleitung des Verstorbenen auf seinem letzten Erdenweg. Wird ein Kreuz vorweg getragen, wird das Angesicht Jesu, der Korpus Christi, immer auf den Verstorbenen und den ihn begleitenden Trauerzug gerichtet sein, gemäß den Worten der Heiligen Schrift: Psalm 32, 8 „Ich will dich mit meinen Augen leiten". Sicherlich eine trostreiche Zusage und schönes Ritual.

Nicht selten begegnet man während einer Trauerfeier von der Trauerhalle zum Grab Menschen, die ein Grab pflegen. Die Arbeit unterbrechen, sich still stehend Richtung Trauerzug zu wenden, ist ganz sicher ein Zeichen von Ehrerbietung und hier das richtige Handeln. Auf manchen Friedhöfen läuten am Ende einer Trauerfeier die Glocken der Trauerhalle. Auf diese Weise werden die Menschen auf dem Friedhof informiert, dass nun jemand zu Grabe getragen wird. Leider ist oftmals festzustellen, dass nicht einmal das Schweigen auf dem Weg von der Friedhofskapelle zum Grab selbstverständlich ist. Erst am Grab stellt sich meist wieder ehrfürchtige Ruhe ein.

15.11 Muss das Kaffeetrinken nachher sein?

Sich nach dieser so intensiven Begegnung mit dem Tod wieder ins Leben hineinzuholen, dazu dient seit alters her das Zusammensein nach der Beerdigung. Rund um das Ruhrgebiet wird das Kaffeetrinken auch „Raue“ genannt. Typisch für diese Region ist auch der dazugehörige und fast nie fehlende Streuselkuchen. Zum einen dient dieses Zusammensein der Stärkung, zum anderen aber auch des lebendigen Erinnerns an den Verstorbenen. Aus psychologischer Sicht dienen diese Augenblicke der Gemeinschaft unweigerlich dem „sich-wieder-dem-Leben-zuwenden.“

15.12 Der Umgang mit Trauernden

Wer mit trauernden Menschen konfrontiert wird, der fühlt sich oft verunsichert. Wir sind es häufig nicht mehr gewohnt, mit Leid und Not umzugehen. Tod und Sterben haben in unserer Gedankenwelt keinen Platz. Es ist auch nur verständlich. Wer wollte immer mit dem Tod vor Augen leben? Ein gesundes Maß an Bewusstsein der irdischen Endlichkeit ist jedoch gut und lässt uns als Christen auf das, was nach unserem Glauben nach diesem Leben kommt, ausrichten. Dennoch sollte man sich aber nicht verleiten lassen, Menschen, die den Verlust eines nahen Angehörigen zu beklagen haben, die Trauer auszureden - Trauer gar als etwas hinzustellen, das möglichst schnell, notfalls durch ständige und massive Ablenkung überwunden werden muss. Trauer ist eine Krise, aber keine Krankheit! Dem Trauernden tut es gut, wenn man ihn anspricht, wenn man ihm zuhört. Der Trauernde wird nach der Beerdigung beginnen, sich auf ein verändertes Leben einzustellen. Er braucht dazu aber Menschen, die ihm dabei zur Seite stehen. Die Möglichkeit zu klagen, sich alles von der Seele reden zu können, ist von unschätzbarem Wert für die Bewältigung des eigenen Schmerzes. Auf „die Stimme des eigenen Herzens“ zu hören ist gut, denn dieses sagt ganz deutlich, was einem wohltut.

15.13 Privatsache – Tod

Der Tod fordert – und das ist das Schwierige, dieses radikale Loslassen! Und letzten Endes betrifft es uns alle, spätestens am Ende unseres eigenen Lebens.

Ganz gewiss ist es schwer, sich trauernd einem Kreis von Menschen, ja der Öffentlichkeit zu stellen und so vielleicht auch eine sehr schwache und verletzte Seite in seinem Leben zu zeigen. Oft ist dies der Grund für die Entscheidung, dass die Trauerfeier im engsten Familienkreis stattfinden soll. Aber was ist mit all den Menschen, mit denen man das Haus oder den Arbeitsplatz geteilt hat? Was ist mit den Freunden oder vielleicht Vereinskollegen? Haben diese kein Anrecht auf Abschied? Manches mal hört man: „Die Oma/der Vater wollte es so; sie/er stand auch sonst nie im Mittelpunkt." Aus christlicher Sicht betrachtet spricht Gott selber aber eine ganz andere Sprache. Er sagt: „Du bist etwas Besonderes. Du bist ein wichtiger und wertvoller Mensch. So wie du geschaffen bist, bist du einzigartig." Auch wenn wir selbst uns vielleicht lieber bescheiden und demütig im Hintergrund halten, so gilt doch von Gott: Jeder ist bedeutsam. So hat uns Gott auch nicht alleine in diese Welt gestellt.

Es ist die Gemeinschaft der Menschen, die das Leben in Freude, wie auch in der Trauer ausmacht. Wer heute zu einer Trauerfeier kommt, dem ist es wichtig da zu sein - um die Leidtragenden zu stärken, aber auch um dem Verstorbenen die letzte Ehre zu erweisen. Dies kann für die Trauernden ein sehr tröstendes Gefühl sein, zu merken, dass so viele Menschen in diesen Momenten hinter ihnen stehen und gekommen sind, um zu begleiten und so spürt man doch recht schnell, dass der Tod keine Privatsache ist und eigentlich auch niemals sein wird.

16. Bestatter – ein umfassender Beruf

Die Bestatter haben sich heute nicht nur die ordnungsgemäße und reibungslose Abwicklung von Bestattungen zur Aufgabe gestellt. Sie wollen mehr sein als nur Institute für Beerdigungen. In fachlich qualifizierter und menschlich oft sehr fürsorglicher Weise sind sie zugleich Berater und Helfer in der Trauer. Als zumeist erste und oft sogar einzige Ansprechpartner im Trauerfall regeln sie alles zur ordnungsgemäßen Vorbereitung, würdigen Ausgestaltung und vorschriftsmäßig Durchführung von Bestattungen. Am Ende eines Lebens gibt man das, was man liebt, in andere Hände, nämlich in die des Bestatters. Hier ist er das Bindeglied zwischen dem so vertrauten Leben und dem Unbegreiflichen, dem Tod.

17. Beispieltexte für den Trauerdruck

Was wir bergen in den Särgen
ist doch nur der Erde Kleid.
Was wir lieben ist geblieben und
es bleibt in Ewigkeit.

Ernst Schulze

Alles war, ist und bleibt Gnade.

Richard Fehr

Du kamst, du gingst mit leiser Spur,
ein flüchtiger Gast im Erdenland. Woher? Wohin?
Wir wissen nur: Aus Gottes Hand, in Gottes Hand!

Ludwig Uhland

Wer stirbt, erwacht zum ewigen Leben.

Franz von Asissi

Nimmer vergeht, was du liebend getan.

Horatius Bonar

Meine Zeit steht in deinen Händen.

Psalm 31 aus 16

Unsere Toten gehören zu den Unsichtbaren,
aber nicht zu den Abwesenden.

Papst Johannes XXIII.

Was wäre unser Leben,
gäbe es die Hoffnung nicht
auf das ewige Leben?

Jean Luc Schneider

Wohin können wir denn sterben,
wenn nicht in ein immer höheres Leben hinein?

Christian Morgenstern

Er ist nun frei und unsere Tränen
wünschen ihm Glück.

Johann Wolfgang von Goethe

Die Erinnerung an unsere Lieben
die schon in der Ewigkeit sind,
zieht uns unwiderstehlich an.
Das ist Heimweh!

Robert Higelin

Unser Herz will dich halten,
unsere Liebe dich umfangen,
unser Verstand muss dich gehen lassen,
denn deine Kraft war zu Ende
und deine Erlösung eine Gnade.

Friedrich Hölderlin

Denn er hat seinen Engeln befohlen über dir,
dass sie dich behüten auf allen deinen Wegen.

Psalm 91, 11

Ruhelos ist unsere Seele –
bis sie ruht in Gott.

Augustinus

Ich bin die Auferstehung und das Leben.
Wer an mich glaubt, wird leben,
auch wenn er stirbt.

Johannes 11, 25

Siehe, ich bin bei euch alle Tage
bis an der Welt Ende.

Matthäus 28, 20

Für jene, die in Gott verbunden sind,
gibt es keinen Abschied.

Papst Pius XII.

An Gottes Hand hat alles einen Sinn!

Jean Luc Schneider

Niemals geht man so ganz,
irgendetwas von dir bleibt hier.
Überall sind Spuren deines Lebens,
Gedanken, Augenblicke, Gefühle.
Sie werden uns immer an dich erinnern.

unbekannter Verfasser

Heimat ist der Ort des Herkommens.

Gottfied Keller

Alles hat seine Zeit.
Es gibt eine Zeit der Freude,
eine Zeit der Stille,
eine Zeit des Schmerzes, der Trauer
und eine Zeit der dankbaren Erinnerung.

unbekannter Verfasser

Trennung ist unser Los.
Wiedersehen unsere Hoffnung!

Augustinus

Herr, Dir in die Hände,
sei Anfang und Ende,
sei alles gelegt!

Eduard Mörike

Der Tod ist die uns zugewandte Seite jenes
Ganzen, dessen andere Seite Auferstehung heißt.

Romano Guardini

Von guten Mächten wunderbar geborgen,
erwarten wir getrost, was kommen mag.
Gott ist mit uns am Abend und am Morgen
und ganz gewiss an jedem neuen Tag.

Dietrich Bonhoeffer

Näher mein Gott zu dir!

Sarah Flower Adams

Wer glaubt, ist nie allein.

Papst Benedikt XVI.

Stern, auf den ich schaue,
Fels, auf dem ich steh, Führer dem ich traue,
Stab, an dem ich geh, Brot, von dem ich lebe,
Quell, an dem ich ruh, Ziel, das ich erstrebe, alles,
Herr, bist du!

Kornelius Friedrich Adolf Krummacher

Die Liebe Gottes geht über den Tod hinaus!

Jean Luc Schneider

Ihr seid jetzt traurig,
aber ich werde euch wiedersehen.
Dann wird euer Herz sich freuen,
und eure Freude wird euch niemand nehmen.
Johannes 16, 22

Vater, in deine Hände lege ich meinen Geist.
Lukas 23, 46

Selig, die nicht sehen und doch glauben!
Johannes 26,29

Es ist, als müsstest du noch irgendwo sein,
als habest du dich verborgen,
würdest gleich durch die Tür kommen
und alles wäre wie früher.
unbekannter Verfasser

Befiehl dem Herrn deine Wege
und hoffe auf Ihn; er wird´s wohl machen.
Psalm 37, 5

Eines bestehet, nimmer vergehet,
nimmer vergehet, was du liebend getan.

Horatius Bonar

Von allen Seiten umgibst Du mich
und hältst Deine Hand über mir.

Psalm 139, 5

Der Tod ist nicht das Ende,
nicht die Vergänglichkeit,
der Tod ist nur die Wende,
Beginn der Ewigkeit.

unbekannter Verfasser

Die Zeit heilt nicht alle Wunden,
sie lehrt uns nur,
mit dem Unbegreiflichen zu leben.

Rainer Maria Rielke

Sei getreu bis in den Tod,
so will ich dir die Krone des Lebens geben.

Offenbarung 20 aus 10

Euch wird das Leben gewandelt,
nicht genommen.

Michelangelo

Ich glaube, dass, wenn der Tod unsere Augen schließt, wir in einem Lichte stehen, von welchem unser Sonnenlicht nur der Schatten ist.

Arthur Schoppenhauer

Fürchte dich nicht, denn ich habe dich erlöst;
ich habe dich bei deinem Namen gerufen.
Du bist mein.

Jesaja 43, 1-7

Selig ist der und heilig,
der teilhat an der ersten Auferstehung.
Über solche hat der andere Tod keine Macht;
sondern sie werden Priester Gottes und Christi
sein und mit ihm regieren tausend Jahre.

Offenbarung 20, 6

Aus dem Leben in das Leben.
Der Tod ordnet die Welt neu,
scheinbar hat sich nichts verändert,
und doch ist die Welt für uns ganz anders
geworden.

Antoine de Saint-Exupéry

Der Weg von der Traurigkeit bis zum Trost
braucht viele Schritte.

Jean Luc Schneider

Der Herr segne dich und behüte dich;
der Herr lasse sein Angesicht leuchten über dir
und sei dir gnädig; der Herr hebe sein Angesicht
über dich und gebe dir Frieden.

4. Mose 6, 22-27

O komm! Was zauderst du?
Das Tor ist offen, kein Engel mit dem Schwert
hält dort die Wacht, was je an bittrem Leid dein
Herz getroffen, hier bleibt´s zurück,
und licht wird jede Nacht.

unbekannter Verfasser

Wenn Friede mit Gott meine Seele durchdringt,
ob Stürme auch drohen von fern,
mein Herze im Glauben doch allezeit singt:
Mir ist wohl, mir ist wohl in dem Herrn!

Theodor Kübler

Herr, mitten im Leben treffen wir auf den Tod.
Gib uns die Hoffnung, das Vertrauen und die
Zuversicht, dass wir auch mitten im Tod
auf das Leben treffen.

Rudi Weiß

Mich lässt der Gedanke an Tod in völliger Ruhe.
Ist es doch so wie mit der Sonne:
Wir sehen sie am Horizont untergehen,
aber wir wissen, dass sie „drüben“ weiter scheint

Johann Wolfgang von Goethe

Wenn einst mein Pulsschlag steht,
die Seele los sich reißt
und aus dem Tod ins Leben geht,
dann triumphiert mein Geist.

James Montgomery

Es gibt ein Licht, das uns den Weg weist,
auch wenn wir jetzt nicht alles sehn.
Es gibt Gewissheit unsres Glaubens,
auch wenn wir manches nicht verstehn.

Albert Frey

Und Gott wird abwischen alle Tränen von ihren Augen, und der Tod wird nicht mehr sein, noch Leid noch Geschrei noch Schmerz noch Abschied; denn das Erste ist vergangen.

Offenbarung 21, 4

Ihr glaubt, eine Beerdigung zu besuchen,
aber in Wirklichkeit kommt ihr zu einer Geburt.

Jostein Gaarder

Die Welt sieht nur das diesseitige Leben; der Christ aber sieht in die Tiefe der Ewigkeit.

Jean-Marie Vianney

Ja gewiss, wir seh´n uns wieder!

Horace Lorenzo Hastings

Lass warm und hell die Kerzen heute flammen,
die du in unsere Dunkelheit gebracht,
führ, wenn es sein kann, wieder uns zusammen!
Wir wissen es, dein Licht scheint in der Nacht.

Dietrich Bonhoeffer

Nichts kann uns scheiden von der Liebe Gottes.

Römer 8, 39

Er ist das Zentrum der Geschichte,
er ist der Anker in der Zeit.
Er ist der Ursprung allen Lebens
und unser Ziel in Ewigkeit.

Albert Frey

Was man tief in seinem Herzen besitzt,
kann man nicht durch den Tod verlieren.

Johann Wolfgang von Goethe

Du hast den Raum mit Sonne geflutet.
Hast jeden Verdruss ins Gegenteil verkehrt.

Herbert Grönemeyer

Du hast mich schon gesehen, als ich noch ungeformt war. Und in dein Buch waren sie alle geschrieben, die Tage, die schon gebildet waren, noch ehe der erste begann.

Psalm 139, 16

Ein Leben wie ein Regentropfen.
Aufgestiegen aus dem Meer,
mit den Wolken gereist und
nur einen Augenblick gelebt.

unbekannter Verfasser

Niemals geht man so ganz,
irgendwas von dir bleibt hier,
es hat seinen Platz immer bei mir.

Trude Herr

Er führte mich hinaus ins Weite,
er befreite mich.

Psalm 18, 20

Keiner wird gefragt,
wann es ihm recht ist, Abschied zu nehmen,
von Menschen, von Gewohnheiten,
von sich selbst. Irgendwann plötzlich heißt es,
damit umzugehen, den Abschied, den Schmerz
des Sterbens anzunehmen in der festen Hoffnung
auf ein Weiterleben und ein Wiedersehen in der
Ewigkeit.

unbekannter Verfasser

Wer weiß denn,
ob das Leben nicht Totsein ist und Totsein Leben?

Euripidis

Wenn wir unseren Körper verlassen,
frei von Schmerzen und allem, was uns quälte –
dann können wir, leicht wie ein Schmetterling
heimkehren zu Gott.

unbekannter Verfasser

Das Herz sagt bleib, der Kopf schreit geh.

JORIS

Je schöner und voller die Erinnerung,
desto schwerer ist die Trennung.
Aber die Dankbarkeit verwandelt die Qual der Erinnerung in eine stille Freude.
Man trägt das vergangene Schöne nicht wie einen Stachel, sondern wie ein kostbares Geschenk in sich.

Dietrich Bonhoeffer

Gedenkt an eure Lehrer,
die euch das Wort Gottes gesagt haben;
ihr Ende schaut an und folgt ihrem Glauben nach.

Hebräer 13, 7

Und bis wir uns wiedersehen,
halte Gott dich fest in seiner Hand.

Volkslied aus Irland

Auferstehen ist unser Glaube, Wiedersehen unsere Hoffnung, Gedenken unsere Liebe.

unbekannter Verfasser

Der Herr ist mir erschienen von ferne:
Ich habe dich je und je geliebt, darum habe ich dich zu mir gezogen aus lauter Güte.

Jeremia 31, 3

Erscheinen meines Gottes Wege
mir seltsam rätselhaft und schwer,
und gehen Wünsche, die ich hege,
still unter in der Sorgen Meer.
Will trüb und schwer der Tag verrinnen,
der mir nur Schmerz und Qual gebracht,
so darf ich mich auf eins besinnen:
dass Gott nie einen Fehler macht.

Herbert Sack

Wenn über ungelösten Fragen
mein Herz verzweiflungsvoll erbebt,
an Gottes Liebe ich will zagen
weil sich der Unverstand erhebt,
dann darf ich all mein müdes Sehnen
in Gottes Hände legen sacht
und leise sprechen unter Tränen:
dass Gott nie einen Fehler macht.

Herbert Sack

Drum still mein Herz und lass vergehen,
was irdisch und vergänglich heißt,
im Lichte droben wirst du sehen,
dass gut die Wege, die er weist.
Und müsstest du dein Liebstes missen,
ja ging's durch kalte, finstre Nacht,
halt fest an diesem sel'gen Wissen:
dass Gott nie einen Fehler macht!

Herbert Sack

Der Mensch ist Gast auf Erden.
Und wenn er dort auch Heimat fand,
so kehrt er doch zu seiner Zeit
zurück ins ew´ge Heimatland.

unbekannter Verfasser

Ich bin überzeugt, ich werde erwartet.
Für mich heißt Erlösung das Bewusstsein,
am Ende in die Arme genommen zu werden.

Hans Dieter Hüsch

Dieser war auch mit dem Jesus von Nazareth.

Matthäus 26 aus 69

So wie die Sonn` am Tage
soll dir leuchten nachts der Sterne Heer.
Und der Blumen Pracht begleite deinen Weg und
ein Engel leite dich nach Haus.
Und bis wir uns wiedersehn, bis wie uns wieder-
sehn, halte Gott dich fest in seiner Hand.

Volkslied aus Irland / Hans Jakob Zimmer

Niemand weiß,
wie lange werden wir noch sein,
morgen oder heute holt der Tod uns ein.
Keiner kann uns helfen, jeder stirbt allein
und es bleibt am Ende nur ein Grab, ein Stein.
Alle unsre Namen wird der Wind verwehn,
oder ruft uns einer, dass wir fortbestehn?
Kann es sein, dass Gott uns einst vom Tod befreit
und in Freude wandelt alles Menschenleid?
Ob wir dann wie Kinder vor dem Vater stehn
und mit neuen Augen seine Wunder sehn?
Oder sind das Träume, die wir uns erdacht?
Wer von uns ist jemals aus dem Tod erwacht?
Einen sah ich sterbend in das Leben gehn,
und ihm will ich glauben, dass wir auferstehn.

Lothar Zenetti

Wenn wir aus dieser Welt durch Sterben uns begeben, so lassen wir den Ort, wir lassen nicht das Leben.

Nikolaus Lenau

Und am Ende meiner Reise hält der Ewige die Hände und er winkt und lächelt leise
– und die Reise ist zu Ende.

Matthias Claudius

Wie schön muss es erst im Himmel sein,
wenn er von außen schon so schön aussieht!

Astrid Lindgren

Das erste was ich mache wenn ich in den Himmel komme? Dich suchen!

unbekannter Verfasser

Weder Tod noch Leben, weder Engel noch Mächte noch Gewalten, weder Gegenwärtiges noch Zukünftiges, weder Hohes noch Tiefes noch eine andere Kreatur kann uns scheiden von der Liebe Gottes.

Römer 8 aus 38, 39

Herr, du bist unsere Zuflucht für und für.

Psalm 90, 1

Ihr seid jetz traurig, aber ich werde euch wiedersehen. Dann wird euer Herz sich freuen, und eure Freude wird euch niemand nehmen.

Johannes 16, 22

Geich wie die schimmernden Sterne erblassen, strahlet der leuchtende Morgen sie an, wirst du die Welt und ihr Tagwerk verlassen. Eines besteht; was du liebend getan!

Horatius Bonar

Machtvoll erklingt schon auf irdischer Schwelle,
Loblied des Himmels, dein Siegesgetön.

Gotthold Schmid

Verabschieden bedeutet auch,
sich auf die nächste Begegnung zu freuen.

unbekannter Verfasser

18. Persönliche Vorsorge

Wenn Sie auf den nachfolgenden Seiten Ihre persönlichen Wünsche ausfüllen sollten, legen Sie diesen Ratgeber zu Ihren Unterlagen wie Familienbuch usw. und setzen Sie Ihren nächsten Angehörigen oder Ihre Vertrauensperson davon in Kenntnis.

Meine persönlichen Daten

Name: ....

Adresse: ....

....

....

Religionszugehörigkeit: ....

Geburtsdatum und Geburtsort: ....

....

Meine persönlichen Wünsche

Art der Bestattung: .... Erdbestattung

.... Feuerbestattung

.... Seebestattung

Ort meiner Bestattung:

....

....

....

Ich könnte mir folgende Grabart vorstellen:

....

....

Welche Person(en) soll(en) bei meinem Tod verständigt werden:

Name/Adresse/Telefonnummer:

....

....

....

....

....

....

....

....

....

....

....

Name/Adresse/Telefonnummer:

....

....

....

....

....

....

....

....

....

....

....

....

Name/Adresse/Telefonnummer:

....

....

....

....

....

....

....

....

....

....

....

....

....

Name/Adresse/Telefonnummer:

....

....

....

....

....

....

....

....

....

....

....

....

....

Name/Adresse/Telefonnummer:

....

....

....

....

....

....

....

....

....

....

....

....

....

Name/Adresse/Telefonnummer:

....

....

....

....

....

....

....

....

....

....

....

....

....

Name/Adresse/Telefonnummer:

....

....

....

....

....

....

....

....

....

....

....

....

....

Seelsorger/Name/Adresse/Telefonnummer:

....

....

....

....

....

Hausarzt/Name/Adresse/Telefonnummer:

....

....

....

....

....

Bestattungshaus/Name/Adresse/ Telefonnummer:

....

....

....

....

Gibt es einen Bestattungsvorsorgevertrag?

.... ja .... nein

Wenn ja, wo ist dieser hinterlegt?

....

....

....

....

Wurde ein Testament gemacht?

.... ja .... nein

Wenn ja, wo ist dieses hinterlegt?

....

....

Bankverbindung:

....

....

....

Sparbücher / Bausparverträge / Wertpapiere:

....

....

Kreditverträge:

....

....

....

Sterbegeld- / Lebensversicherungen:

....

....

Haus- und Grundbesitz:

....

....

....

Persönliche Notizen:

....

....

....

....

....

....

....

....

....

....

....

....

....

....

....

....

....

....

....

....

....

....

....

....

....

....

Der Autor

Daniel Kabuth, Jahrgang 1978, verheiratet und Vater einer Tochter, lebt und arbeitet mitten im Ruhrgebiet. Als Bestatter ist sein berufliches Zuhause das Oberhausener Traditionsunternehmen Rademacher Bestattungen. Als Seelsorger und Trauerbegleiter ist er auch als Referent im Bereich der Trauerarbeit mit Jugendlichen und Kindern engagiert und als Ansprechpartner verschiedenster kirchlicher Gruppen und Institutionen tätig. Durch berufsbegleitende Seminare und Supervisionen, beispielsweise im Zentrum für Trauerbegleitung und Lebenshilfe e.V. in Dresden oder dem Bundesverband Deutscher Bestatter e.V. in Düsseldorf, bildet er sich kontinuierlich weiter.